A BAS VOLTAIRE!

VADE-MECUM DU CHRÉTIEN

PAR NOBODY

BEDEAU DE PAROISSE

J'espère le rendre ridicule sous tous les méridiens. (DALEMBERT.)

I

CORRESPONDANCE AVEC DALEMBERT

ANYWHERE

CHEZ MESSIEURS LES BEDEAUX, SACRISTAINS

SONNEURS, HABITUÉS, ETC.

1867

A BAS
VOLTAIRE!

PARIS, IMPRIMERIE JOUAUST, RUE SAINT-HONORÉ, 338.

A BAS
VOLTAIRE!

VADE-MECUM DU CHRÉTIEN

PAR NOBODY

HABITUÉ DE PAROISSE

> J'espère le rendre ridicule sous tous
> les méridiens. (DALEMBERT.)

I

CORRESPONDANCE AVEC DALEMBERT

ANYWHERE

CHEZ MESSIEURS LES BEDEAUX, SACRISTAINS

SONNEURS, HABITUÉS, ETC.

1867

MONITUM

Un premier avertissement est donné à frère Voltaire, gardien des Capucins de Gex, pour un ouvrage intitulé *Lettres à Dalembert*, commençant par ces mots (ou à peu près) : « Écrasons l'infâme ! » et finissant (toujours à peu près) par ceux-ci : « Écrasons l'infâme ! »

Le Général des Capucins

AMATUS DALAMDALLA.

Donné à Rome, au Généralat des frères Capucins, ce mercredy 30 may 1866.

DEDICATIO

—

OMNIBUS ANIMALIBUS

HOMINIBUS FEMINIBUSQUE

JOYE ET SANTÉ

TOTO CORDE

MEANWHILE.

—

Præfationem
Ad Lectorem
Nous donnerons
Ad prochainam editionem ;
Et si to day
Nous nous reposons,
Rationem
Nous expliquerons
In diebus
« Coronatis »
Quos souhaitamus
Toti cordis; —
That is :
Ad calendas
Which Graïæ
Appellatæ
Vulgariter
Are undique.
Dans l'intervalle,
O lectore,
Achète et lis,

Sed, above all,
Tires-en profit.
Parentibus,
Amicisque
Ignotisve
Seu totibus
Give a share
And remember :
En fait de plaisir,
En fait de tourments,
Quòd « l'avenir
Est aux patients. »

POST-SCRIPTUM

A UNE ESPÈCE DE PRÉFACE QU'ON EUT PU DONNER.

Les extraits sont classés par catégories de sujets, afin de rendre les recherches plus faciles et *plus fructueuses.* Je ne doute nullement que nos *Voltairiens* ne me reprochent bien des « tirés par les cheveux. » — En tout cas, ils ne relèveront ni textes *faux*, ni textes *châtrés*, qu'ils ne connaissent que trop, comme chacun sait.

Dans chaque catégorie je suis l'ordre chronologique, pour montrer d'une façon palpable les progrès de mon auteur dans la *malheureuse* voie qu'il parcourt.

J'avais d'abord projeté de donner le volume et la page de l'édition Beuchot (la *malheureuse* a fait bien du mal, que Dieu le lui pardonne!), mais j'ai réfléchi que cela ferait double emploi avec les dates, et qu'il valait mieux laisser à chacun le plaisir de noter son propre exemplaire, à moins toutefois qu'on n'ait déjà *auto-da-fié* ce dernier, ce qui certainement eût été beaucoup plus *chrétien*.

Les Extraits signés D sont de ce malheureux Dalembert.

Ne voulant donner prise aux aménités « charitables » que ne m'épargneraient certes nos Voltairiens triomphants, je supprime les titres par lesquels, fort arbitrairement, je l'avoue, j'avais désigné mes catégories, laissant aux fidèles du troupeau le soin le plaisir d'y suppléer *motu proprio*.

A BAS

VOLTAIRE!

⁂

Il est bien cruel d'imprimer le contraire de ce qu'on pense. — 1756, X, 9.

.... Mais avec quelques adoucissements tout ira bien, personne ne sera pendu, et la vérité sera dite. — 1757, IV.

Le temps fera distinguer ce que nous avons pensé d'avec ce que nous avons dit. — 1757, VII, 21.

Ce n'est pas le tout de se moquer d'eux, il faut encore être poli. — 1758, I, 19.

Il faut toujours que les philosophes aient

deux ou trois trous sous terre contre les chiens qui courent après eux. — 1760, IV, 25.

Dieu m'a fait la grâce de comprendre que, quand on veut rendre les gens ridicules et méprisables à la postérité, il faut les nicher dans quelque ouvrage qui aille à la postérité. — 1761, I, 6.

Je leur prouve que nous sommes incontestablement meilleurs chrétiens qu'eux.— 1761, I, 6.

Je me fais encenser tous les dimanches à ma paroisse; j'édifie tout le clergé, et dans peu l'on verra bien autre chose. — 1761, I, 6.

Sachez que vos bonnes plaisanteries ne m'ôteront point ma dévotion, et qu'il n'y a pas d'autre parti à prendre que de se déclarer meilleur chrétien que ceux qui nous accusent de n'être pas chrétiens. — 1761, II, 27.

Quand on a l'honneur de rendre le pain bénit à Pâques, on peut aller partout la tête levée. — 1761, II, 27.

Mon cher philosophe, vous vous déclarez l'ennemi des grands et des flatteurs, et vous avez raison; mais ces grands protégent dans l'occasion; ils peuvent faire du bien; ils méprisent *l'infâme;* ils ne persécutent jamais les philosophes, pour peu que les philosophes daignent s'humaniser avec eux. — 1761, V, 7.

Dites hardiment et fortement tout ce que vous avez sur le cœur; frappez et cachez votre main. — 1761, V, 7.

.....Mais ce n'est pas le tout d'avoir raison, il faut être poli; il faut donc de grands ménagements pour avertir les gens qu'ils s'ennuient et qu'ils n'osent le dire. (D.) — 1761, X, 10.

Vous pouvez tout dire, et vous ferez même très-bien; il ne s'agit que de la manière. (D.) — 1762, IX, 8.

Mais, comme je suis fort insolent, j'en impose un peu, et cela contient les sots.—1762, IX, 15.

« Faites rougir *ces dieux* qui vous ont condamnée. » — Vous mettriez peut-être *ces sots* au lieu de *ces dieux*, et vous auriez raison. (D.) — 1762, X, 2.

Il faut faire en ce pays-ci comme en temps de peste, prendre les précautions raisonnables, et ensuite aller son chemin et s'aban-

2

donner à la Providence, si Providence il y a. (D.) — 1762, X, 2.

Courage, mes frères ; prêchez avec force et écrivez avec adresse : Dieu vous bénira. — 1762, XI, 28.

Il est vrai, mon cher et illustre maître, que je n'aime les grands que quand ils le sont comme vous, c'est-à-dire par eux-mêmes, et qu'on peut vraiment se tenir pour honoré de leur amitié et de leur estime ; pour les autres, je les salue de loin, je les respecte comme je dois, et je les estime comme je peux. (D.) — 1763, I, 12.

Ces pauvres philosophes sont obligés de faire mille tours de passe-passe pour faire parvenir à leurs frères leurs épîtres canoniques. — 1763, XII, 13.

Après tout, il est bon que la philosophie fasse flèche de tout bois et que tout concoure à la servir, même les parlements, qui ne s'en doutent pas, et quelques honnêtes gens qui la détestent, mais qui, tout en la détestant, lui sont utiles malgré eux. (D.)—1763, XII, 29.

Cependant, réflexions faites, cet avis ne peut vous blesser, puisqu'il se réduit à dire que vous n'avez pas fait assez de révérences en donnant des croquignoles, et que vous auriez dû multiplier les croquignoles et les révérences. (D.) — 1764, VII, 9.

En attendant, il faut qu'elle (la philosophie) se tienne à la fenêtre pour voir la fin de tout ceci, sans pourtant se refuser le plaisir de jeter de temps en temps quelques pétards aux passants qui lui déplairont, lorsqu'elle n'aura point à craindre que cette mièvreté la fasse mettre à l'amende. (D.) — 1764, VII, 9.

Heureusement, je n'ai nulle part à ce vilain ouvrage (le *Dictionnaire philosophique*), j'en serais bien fâché; je suis l'innocence même, et vous me rendrez bien justice dans l'occasion. — 1764, VII, 16.

Il faut agir en conjurés et non pas en zélés. — 1764, IX, 19.

..... Mais dès qu'il y aura le moindre danger, je vous demande en grâce de m'avertir, afin que je désavoue l'ouvrage dans tous les papiers publics avec ma candeur et mon innocence ordinaires. — 1764, IX, 19.

Une main comme la vôtre doit servir à écraser les monstres de la superstition et du fanatisme ; et quand on peut rendre ce service aux hommes sans se compromettre, je crois qu'on y est obligé en conscience. — 1764, X, 12.

Cher défenseur de la raison, *macte animo*, et passez joyeusement votre vie à écraser de votre main les têtes de l'hydre, sans qu'elle puisse en expirant nommer celui qui l'assomme. — 1764, XII, 26.

Je respecterai toujours, comme de raison, la religion, le gouvernement, et même les ministres ; mais je ne ferai point de quartier à toutes les autres sottises, et assurément j'aurai de quoi parler. (D.) — 1765, II, 27.

Puisque les choses sont ainsi, je prétends, moi, avoir aussi mon franc-parler, et, à l'exception des choses et des personnes auxquelles je dois respect, je dirai mon avis sur le reste. (D.) — 1765, II, 27.

Rien n'est plus faux ; mais cela se dit toujours, pour servir ce que de raison. (D.) 1765, II, 27.

J'ai commencé par les croquignoles, je continuerai par les coups de houssine, ensuite viendront les coups de gaule, et je finirai par les coups de bâton ; quand ils en seront là, ils seront si accoutumés à être battus, qu'ils prendront les coups de bâton pour des douceurs. (D.) — 1765, IV, 27.

..... D'ailleurs nous sommes tous les deux bons chrétiens, bons sujets, bons diables ; on nous laissera en paix dans ma tanière. — 1765, VIII, 5.

Je ne souffrirai pas qu'il (Vernet) attaque impunément notre saint-père le pape, et vous, et frère Hume, et frère Marmontel, et même faux frère Rousseau, et la comédie. — 1766, VI, 13.

Ne pensez-vous pas qu'on devrait permettre aux jésuites de se justifier, surtout quand on doit être sûr qu'ils ne le peuvent pas? (D.) — 1767, V, 4.

Il n'est pas assez sot pour se défendre ; il sait qu'il faut toujours établir le siége de la guerre dans le pays ennemi. — 1767, VI, 19.

Quoi qu'il en soit, il n'y a point d'*Ingénu*, je n'ai point fait l'*Ingénu*, je ne l'aurai jamais fait ; j'ai l'innocence de la colombe, et je veux avoir la prudence du serpent. — 1767, VIII, 3.

..... Car répondre à cette canaille, c'est lui

donner l'existence qu'elle cherche. (D.) — 1767, VIII, 4.

Ce petit-fils de l'abbé Gordon est un fin courtisan : il a appris à ses semblables qu'avec un petit mot d'éloge on fait passer bien de la contrebande. (D.) — 1767, IX, 22.

Si vous allez jamais lui (Ganganelli) baiser les pieds et servir sa messe, avertissez-moi, je vous prie, car je veux au moins l'aller sonner. (D.) — 1770, III, 9.

Ils sont courageux, mais ils ne sont pas discrets. — 1773, VI, 7.

Vous voyez qu'on arrive au même but par des chemins contraires. — 1773, VI, 16.

Dans la tempête, adorez l'écho, disait Pythagore; et vous savez ce que cela veut dire. — 1774, VIII, 27.

..... L'auditeur, qui vous saura bon gré de votre retenue, laissera aller son imagination beaucoup au delà..... — 1776, VIII, 16.

Il est bon de savoir à qui on a affaire. — 1776, XI, 8.

*
* *

..... Où vous verrez entre autres que saint Ambroise ou saint Augustin (je ne sais plus lequel) compare les dimensions de l'arche à celles du corps de l'homme, et la petite porte de l'arche au trou du derrière; c'est un beau passage qui vous a échappé dans votre chapitre sur les *Allégories*. (D.)— 1762, I, 27.

*
* *

On cherche le siége de l'*âme*, c'est à l'estomac qu'il est. (D.) — 1764, X, 4.

A propos, le cuistre d'Annecy voulait m'intenter un procès criminel : il y a encore de belles *âmes* dans le monde. — 1769, VIII, 15.

..... Et qu'il (Descartes) voyait bien l'inconvénient effroyable, pour *ce que vous savez*, d'admettre dans les bêtes une *âme* intelligente. — 1769, VIII, 15.

.....Mais où il n'y a point d'*âme*, l'éducation n'a rien à faire. — 1769, X, 15.

Il y a de belles *âmes!* — 1774, IX, 28.

*
*

Que voulez-vous? il faut prendre ses *amis* avec leurs défauts. — 1773, II, 19.

La vie est pleine de misères, on le sait bien; mais peu de gens savent qu'une des plus grandes est de mourir loin de ses *amis*. — 1773, V, 8.

Cinquante ans d'*intimité* sont une chose si respectable, que je ne crois pas devoir me plaindre. — 1774, XI, 7.

Il serait affreux d'immoler son *ami* à la démangeaison d'imprimer des vers. — 1775, V, 1.

*
* *

Mme Denis a fait pleurer des *Anglaises*. — 1761, X, 10.

Les *Anglais* n'entendent pas la plaisanterie fine; la musique douce n'est pas faite pour eux; il leur faut des trompettes et des tambours. — 1767, VIII, 10.

*
* *

Monseigneur, il y a là de l'hérésie, du déisme, de l'*athéisme*, car il y en a partout. — 1776, X, 7.

Le président de Maisons prit chez lui Demarsais sur ce qu'on lui disait qu'il était *athée;* Delisle, qui n'est que déiste, pourrait trouver pratique. — 1778, I, 4.

*
* *

Je mène tous ces faquins-là assez bon train. J'ai un château à la porte duquel il y a quatre jésuites : ils m'ont abandonné frère Berthier; je leur fais de petits plaisirs, et ils me disent la messe quand je veux bien l'entendre. — 1759, VIII, 25.

Sachez encore, pour votre édification, que je m'occupe à faire aller un prêtre aux galères; j'espère, Dieu aidant, en venir à bout. — 1761, I, 6.

.... *Quia* il (l'abbé d'Olivet) fut mon maître, et qu'il me donnait des claques sur le cul quand j'avais quatorze ans. — 1761, IV, 20.

J'ai vu qu'il n'y avait rien à gagner à être modéré, et que c'est une duperie. — 1761, IV, 20.

Encouragez-moi beaucoup, car je suis docile comme un enfant; je ne veux que le bien de la chose; j'aime mieux Corneille que mes opinions; j'écris vite et je corrige de même. — 1761, VIII, 31.

Oui, j'ai fait mes pâques et, qui plus est, j'ai rendu le pain bénit en personne; il y avait une très-bonne brioche pour le curé. — 1768, IV, 27.

L'abbé d'Olivet est un bon homme que j'ai toujours aimé. D'ailleurs il a été mon préfet dans le temps qu'il y avait des jésuites. Savez-vous que j'ai vu passer le père Le Tellier et le père Bourdaloue, moi qui vous parle? — 1768, IX, 2.

Mon cher et illustre philosophe, je ne sais d'autre anecdote sur M. l'abbé d'Olivet, sinon que, quand il était notre préfet aux jésuites, il nous donnait des claques sur les fesses, par amusement. — 1768, XI, 7.

..... Mais je ne lâcherai prise que quand je serai mort. car je suis têtu. — 1769, IX, 1.

Je m'aperçois que je passe ma vie à pardonner. — 1770, I, 12.

Est-il vrai que l'abbé Alary soit encore plus vieux et plus mal que moi? Je l'en défie, car je n'en puis plus. — 1770, I, 12.

Tout capucin que je suis, j'étends ma miséricorde jusque sur Genève; car vous savez peut-être que non-seulement j'ai reçu mes lettres patentes de frère Amatus de Lamballa, notre général résidant à Rome, mais que je suis père temporel des capucins de mon petit pays. — 1770, II, 28.

Bonsoir, mon cher philosophe; je suis bien malade, mais je prends cela de la part d'où ça vient. — 1770, III, 19.

..... Mais, comme il n'en a pas fallu davantage (une demi-feuille) à M. l'abbé Terrai pour m'ôter tout mon bien de patrimoine, j'admire le pouvoir de l'art d'écrire. — 1770, XI, 5.

..... Et puis, d'ailleurs, vous savez si j'ai sur le cœur le sang du chevalier de La Barre et du comte de Lally. — 1771, III, 15.

Je deviens plus insolent à mesure que j'avance en âge. La canaille dira que je suis un malin vieillard. — 1772, XI, 13.

Je crois, Dieu me pardonne, que je me meurs véritablement. — 1773, II, 19.

J'ai lu en mourant le petit livre de M. de Condorcet. — 1773, III, 1.

Mon très-aimable Bertrand, votre lettre a bien attendri mon vieux cœur, qui, pour être vieux, n'en est pas plus dur. Je ne sais pas bien positivement si je suis encore en vie, mais, en cas que j'existe, c'est pour vous aimer. — 1773, III, 27.

Ménagez-vous et songez que vous ne pouvez faire aux sots et aux fripons un meilleur tour que de vivre et de vous bien porter. (D.) — 1773, IV, 20.

Mais ce que je désire bien davantage, c'est de vous savoir en meilleure santé et de pouvoir dire aux ennemis de la philosophie qui me demandent de vos nouvelles : « Il se porte trop bien pour vous. » (D.) — 1773, IV, 27.

S'il est vrai qu'une comète puisse incendier la terre, je serai sûrement un des premiers brûlés. — 1773, VI, 2.

Je m'intéresse à son connétable de Bourbon, d'autant plus que ce grand homme passa par Ferney en se réfugiant chez les Espagnols. — 1773, XI, 19.

Je ne démordrai de mon entreprise qu'en mourant. — 1775, II, 8.

J'ai eu une nourrice qui disait à mon âge : « Les *De profundis* me battent les fesses. » — 1775, VIII, 24.

Je suis un vieux cerf plus que dix-cors, et je leur donnerai de bons coups d'andouillers avant d'expirer sous leurs dents.— 1777, V, 9.

Mon cœur est encore sain ; il sera à vous jusqu'au dernier moment. — 1777, V, 9.

Je n'ai jamais été si ombre qu'à présent. — 1777, X, 27.

Tout mort que je suis, je compte venir aujourd'hui à l'Académie. — 1778, III, 19.

Mon très-cher secrétaire et maître perpétuel, je vous recommande, et à mes respectables confrères, les vingt-quatre lettres de l'alphabet. — 1778.

*
* *

Ils n'ont jamais su combien la déclamation est l'opposé de l'éloquence, et combien les adjectifs affaiblissent les substantifs, quoiqu'ils s'accordent en genre, en nombre et en cas..... — 1765, III, 25.

*
* *

Mais pour vos pédants de Paris qui ont acheté un office, pour ces insolents *bourgeois*, moitié fanatiques, moitié imbéciles, ils ne peuvent faire que du mal. — 1761, V, 7.

Il faut faire servir les offres qu'on nous fait à l'humiliation de la superstition et de la sottise; il faut que toute l'Europe sache que la vérité, persécutée par les *bourgeois de Paris*, trouve un asile chez des souverains qui auraient dû l'y venir chercher, et que la lumière, chassée par le vent du midi, est prête à se réfugier dans le nord de l'Europe, pour venir ensuite refluer de là contre ses persécuteurs, soit en les éclairant, soit en les écrasant. (D.) — 1762, X, 2.

⁂

..... Et si on continue à me *calomnier*, je mettrai ces nouvelles épreuves au pied de mon crucifix. — 1768, IV, 27.

..... Mais que peut la *calomnie* contre l'innocence? La faire brûler quelquefois, me direz-vous. Oui, il y en a des exemples dans notre sainte et raisonnable religion....—1769, V, 24.

⁂

« Vous ne détruirez pas la *religion chrétienne*. — C'est ce que nous verrons. » — 1760, VI, 20.

Vous ne savez pas combien les cérémonies de l'Église sont respectables. — 1762, II, 25.

Ce jugement était d'autant plus *chrétien* qu'il n'y avait aucune preuve contre le roué. — 1762, III, 29.

..... Et les vénérables pasteurs de ce pays-là (Neufchâtel) n'entendent point raillerie sur l'affaire de la religion : c'est une vieille p.... pour laquelle ils ont d'autant plus d'égards qu'ils s'en soucient moins. (D.) — 1762, VII, 31.

Vous pensez bien que je ne parle que de la superstition ; car pour la *religion chrétienne*, je la respecte et l'aime comme vous. — 1762, XI, 28.

Je parle, comme vous, de la superstition et non pas de la *religion chrétienne*, que j'honore comme les sociniens honteux de Genève honorent son divin fondateur. (D.)—1763, I, 12.

Ah ! monstres ! ah ! tyrans des esprits ! quel despotisme affreux vous exercez, si vous avez contraint mon frère à parler ainsi de notre père ! — 1764, X, 2.

C'est assurément le comble de la vertu *chrétienne* de se déshonorer et d'être un coquin pour faire son salut. — 1765, VIII, 28.

Il faudra bien à la fin que ceux à qui une

secte fanatique et persécutrice a valu des honneurs et des richesses se contentent de leurs avantages ; qu'ils se bornent à jouir en paix et qu'ils se défassent de l'idée de rendre leurs erreurs respectables. Ils diront aux philosophes : Laissez-nous jouir, et nous vous laisserons raisonner. — 1766, VI, 26.

Pleurons sur Jérusalem, et soyons tranquilles. — 1771, II, 2.

Nous sommes étonnés de l'absurdité de la religion païenne : celle de la religion *papiste* étonnera bien davantage la postérité. (Helvétius.) — 1773, VII, 3.

Il faudrait pour lui répondre que le pape se déclarât huguenot. Je ne désespère pas de voir cette facétie. — 1773, XII, 5.

Figurez-vous, mon cher ami, qu'il n'y a pas actuellement *un chrétien* de Genève à Berne ; cela fait frémir. — 1776, II, 8.

*
* *

Quand *elle* serait un mandement d'évêque ou l'Encyclopédie, elle ne se jetterait pas au feu de meilleure grâce. — 1764, IV, 6.

J'oubliais de vous dire que *mademoiselle Clairon* a déjà rendu le pain bénit ; voilà ce que c'est que de quitter le théâtre. (D.) — 1766, VI, 25.

*
* *

Si les *comédiens*, comme vous dites, ne profitent pas de cette circonstance pour demander qu'on leur rende tous les droits de citoyens, « même celui de rendre le pain bénit, » ils seront à mes yeux les derniers des hommes. Mon avis serait qu'ils présentassent requête à l'assemblée du clergé pour obtenir mainlevée de l'excommunication et la liberté de « communier à bouche que veux-tu. » (D.) — 1764, V, 18.

*
* *

..... Attendu qu'un *conseil* qui n'a pas été suivi est un reproche. — 1773, V, 19.

Il vaudrait beaucoup mieux *se corriger* que de se fâcher. — 1773, V, 20.

*
* *

Vous feriez voir hardiment que, dans le siècle où nous sommes, les disputes sur la *consubstantialité* n'altèrent point l'union des gens sages, et qu'on commence à devenir plus humain que théologien. — 1758, VI, 7.

Il n'y a plus dans la ville de Calvin que quelques gredins qui croient au *consubstantiel.* — 1763, IX, 28.

*
* *

Quand les pédants se battent, les philosophes triomphent. — 1756, XI, 13.

..... Et moi, qui n'aime ni les fanatiques parlementaires ni les fanatiques de saint Ignace, tout ce que je leur souhaite, c'est de se détruire les uns par les autres, fort tranquille d'ailleurs sur l'événement, et bien certain de me moquer de quelqu'un, quoi qu'il arrive. (D.) — 1761, IX, 8.

En vérité, disent-ils (les jansénistes), cet établissement (l'inquisition) a du bon, les affaires y sont jugées avec beaucoup plus de maturité et de justice qu'on ne croit en France, et il faut avouer que ce tribunal-là fait fort bien en Portugal. (D.) — 1761, X, 31.

Par ma foi! ceci est très-sérieux, et les classes du parlement n'y vont pas de main morte. Ce sont des fanatiques qui en égorgent d'autres, mais il faut les laisser faire : tous ces imbéciles, qui croient servir la religion, servent la raison sans s'en douter; ce sont des exécuteurs de la haute justice pour la philosophie, dont ils prennent les ordres sans le savoir. (D.) — 1762, V, 4.

La canaille fanatique, tant jésuitique que parlementaire, est ici-bas pour le menu plaisir des sages; il faut s'en amuser comme de chiens qui se battent. (D.) — 1762, X, 26.

Les moutons, comme vous savez, respirent un peu quand les loups et les renards se déchirent. — 1764, VII, 16.

*
* *

On ne peut *élever trop sa voix* en faveur de l'innocence opprimée. — 1769, V, 24.

..... Et il (Frédéric) *s'efforcera* d'être vertueux, surtout quand il ne lui en coûtera rien, ou que du moins il n'en coûtera que très-peu de chose. — 1775, VII, 29.

Le *courage* sert à combattre, mais il ne sert pas toujours à rendre heureux. — 1776, VI, 9.

*
* *

Croyez-moi, ne donnez point de prise sur vous aux sots et aux malintentionnés, et songez qu'un vivant qui *critique* un mort en possession de l'estime publique doit avoir raison et demi pour parler, et se taire quand il n'a que raison. (D.) — 1761, X, 10.

Si je vis, je *dirai deux mots* à l'abbé Lebeau : chaque chose vient en son temps. — 1771, II, 4.

Il (Condorcet) n'a rien fait, dira-t-on... tant mieux, nous avons plus besoin de gens qui *jugent* que de gens qui fassent. — 1771, III, 2.

***

Une vieille et infâme catin comme elle ne croit pas aux femmes honnêtes. (D.) — 1766, III, 3.

***

..... Car, depuis les premiers commis jusqu'aux libraires, j'ai presque autant d'aversion que vous pour les *despotes*. — 1770, I, 25.

*
* *

N'oubliez pas cet honnête homme (Le Roi) à la première bonne *digestion* que vous aurez ; son sermon mérite qu'il soit recommandé au prône. — 1762, III, 31.

..... Continuez, pour l'édification des anges, des curés, des conseillers, des paysans et des laquais, à rendre le pain bénit, mais avec sobriété pourtant ; car, je l'ai ouï dire à un fameux médecin, les *indigestions* de pain bénit ne valent pas le diable. (D.) — 1767, V, 13.

C'est une plaisante chose que la pensée dépende absolument de l'*estomac*, et que, malgré cela, les meilleurs estomacs ne soient pas les meilleurs penseurs. — 1770, VIII, 20.

*
* *

Nous sommes dans la fange des siècles pour tout ce qui regarde le bon goût. Par quelle fatalité est-il arrivé que *le siècle* où l'on pense soit celui où l'on ne sait plus écrire? — 1767, IX, 30.

Toutefois j'espère que je ne perdrai pas la partie, car heureusement nous sommes au *XVIIIe siècle*, et le marouſle croit être au XIVe. — 1769, V, 24.

* * *

Je ne demande plus d'*échafaud*; je sais et je respecte toute la répugnance que vous y avez, quoique depuis Malagrida les *échafauds* aient leur mérite. (D.) — 1761, X, 31.

* * *

L'*écriture* n'en (de La Harpe) est pas agréable aux yeux. Cette négligence fait quelquefois tort. — 1766, XII, 20.

∴

Il vaut mieux que l'*Encyclopédie* n'existe pas que d'être un répertoire de capucinades. — 1758, I, 20.

Si on était assez peu de son siècle et de son pays pour prendre ce parti, j'y mettrais la moitié de mon bien. J'aurais de quoi vous loger tous et très-bien. Je voudrais venir à bout de *cette affaire*, et mourir gaiement. — 1758, III, 7.

Savez-vous ce que dit Astruc? « Ce ne sont point les jansénistes qui tuent les jésuites, c'est l'*Encyclopédie*, mordieu! c'est l'*Enyclopédie.* » (D.) — 1762, V, 4.

∴

Les *ennemis* publics et découverts ne sont rien ; ceux-là on les secoue et on les écrase : ce sont les *ennemis* cachés et puissants, ce sont les faux amis qui sont à craindre. (D.) — 1764, X, 4.

On peut dire de la philosophie ce que Despréaux disait de Dieu, en entendant déraisonner deux sots athées : « Vous avez là de sots *ennemis.* » (D.) — 1776, X, 15.

Il (Delisle) est tout recommandé pour vous : et par sa personne, et par ses amis, et par ses *ennemis.* — 1777, VI, 23.

*
* *

Par quelle fatalité se peut-il que tant de fanatiques imbéciles aient fondé des sectes de fous, et que tant d'esprits supérieurs puissent à peine venir à bout de fonder une petite école de raison? C'est peut-être parce qu'ils sont sages; il leur manque l'*enthousiasme*, l'activité. — 1766, VI, 26.

Ce que j'aime de Mme la duchesse d'Enville, c'est qu'elle a un peu d'*enthousiasme* dans sa vertu courageuse. — 1774. XII, 9.

*
* *

..... Et pour peu que Corneille soit justifiable par des raisons telles quelles dans les endroits où vous l'attaquez, vous êtes sûr d'avoir contre vous les pédants et les sots, qui *déchireraient* Corneille s'il n'était pas mort, et qui seront bien aises de vous *déchirer* parce que vous êtes vivant. (D.) — 1762, I, 27.

*
* *

C'est un grand soulagement, en *temps de famine*, de faire des vers alexandrins. — 1770, XII, 28.

*
* *

Fanatiques papistes, *fanatiques* calvinistes, tous sont pétris de la même m.... détrempée de sang corrompu. — 1761, XII, 12.

Pour l'amour de Dieu, rendez aussi exécrable que vous le pourrez le *fanatisme*, qui a fait pendre un fils par son père, ou qui a fait rouer un innocent par huit conseillers du roi. — 1762, III, 29.

Il s'élève une génération nouvelle qui a le *fanatisme* en horreur. — 1764, III, 1.

..... Mais je suis en possession depuis longtemps de dire ce que je pense, et je mépriserai toujours les *fanatiques* en quelque genre que ce puisse être. — 1764, IV, 14.

Le *fanatisme* commence à être en horreur d'un bout de l'Europe à l'autre. — 1765, IV, 25.

Prêchez et écrivez, combattez, convertissez, rendez les *fanatiques* si odieux et si méprisables, que le gouvernement soit honteux de les soutenir. — 1766, VI, 26.

Le *fanatisme*, qui sent son avilissement et qui implore le bras de l'autorité, fait malgré lui l'aveu de sa défaite. — 1767, VI, 4.

C'est un nouveau coup de massue porté au *fanatisme*, qui lève encore la tête, dans la fange où il est plongé. — 1767, XII, 26.

..... Et j'ai conclu, après la lecture, que ce n'était pas le tout d'être *fanatique*, qu'il fallait tâcher encore de n'être pas ridicule. D. — 1773, I, 18.

En vérité, il n'y a rien au-dessus de la considération dont vous jouissez; c'est là ce qui doit faire frémir le *fanatisme* : il est écrasé sous votre char du triomphe. — 1776, XI, 18.

***

Il (l'abbé Pluquet) y (*Dictionnaire des hérésies*) a mis, avec beaucoup de *bonne foi*, les objections d'un côté et les réponses de l'autre; et on peut dire, pour le coup, que la *foi* ne trouve pas son compte avec la *bonne foi*. D. — 1762, X, 2.

Il est vrai que je ne l'ai (le Père Adam) pris qu'après m'être bien assuré de sa *foi*. — 1763, IX, 28.

Je ne sais quel démon a soufflé depuis quinze ans sur les trois quarts de l'Europe, mais la *foi* est anéantie. Mon cœur en est aussi navré que le vôtre. — 1767, XII, 26.

Vous me direz que plus elle (cette aventure) est absurde, plus je la dois *croire*, et que c'est le cas du : « Credo quia absurdum. » — 1771, IX, 28.

*
* *

Notre Nation ne mérite pas que vous daigniez raisonner beaucoup avec elle ; mais c'est la première nation du monde pour saisir une bonne plaisanterie. — 1761, IX, 15.

Les Français arrivent tard à tout. — 1763, IX, 28.

Les Welches mériteraient d'être réduits à la messe et au sermon pour toute nourriture ; et j'espère qu'ils finiront par ce régime si digne d'eux. (D.) — 1764, V, 18.

Dieu bénisse *les Welches!* ils viennent les derniers en tout. — 1767, XII, 12.

Il faut que *les Français* écrivent et que l'étranger les imprime. — 1772, VII, 1.

Si on n'amuse pas *les Welches*, on ne tient rien. — 1774, III, 5.

*
* *

N'avez-vous pas un souverain mépris pour *votre France*, quand vous lisez l'histoire grecque et romaine? — 1764, IV, 14.

La France ressemble à une vipère : tout en est bon hors la tête. (D.) — 1765, VII, 8.

La France est le seul pays où les arrêts ne soient pas motivés. — 1766, VI, 13.

*
* *

Je *le* crois aux abois, et c'est grand dommage; la philosophie ne retrouvera pas aisément un prince tolérant comme *lui* par indifférence, ce qui est la bonne manière de l'être, et l'ennemi de la superstition et du fanatisme. (D.) — 1762, I, 27.

Je voudrais seulement *qu'il* prît le temple de Jérusalem un peu plus à cœur. (D.) — 1761, II, 22.

Ce roi a aussi les siens (des préjugés) qu'il

faut lui pardonner : on n'est pas roi pour rien. — 1770, VI, 11.

...... Mais je vous recommande toujours *Frédéric*, non parce qu'il est roi, mais parce qu'il m'a fait du mal et qu'il me doit une réparation. — 1770, VII, 16.

Mme Necker dit qu'elle craint que le *roi de Prusse* ne soit mécontent de ce que je le donne au diable; et à qui donc veut-elle que je le donne? — 1773, XII, 5.

Je presserai *Luc*, je le conjurerai « per patrem suum Julianum, per omnes apostolos nostros et per sanctum Evangelium nostrum, » et encore plus par son propre intérêt... — 1777, VIII, 3.

Je ne sais si c'est en donnant douze cents francs de pension *qu'il* s'écriait : « O gens d'Athènes, voyez ce qu'il m'en coûte pour être loué de vous ! » — 1777, XII, 19.

⁂

Je conçois bien qu'on ne court pas grand risque de se tromper quand on prend à rebours les louanges que des *fripons* lâches donnent à des *fripons* puissants. — 1761, III, 3.

Il (Rousseau) s'est borné à dire que les hommes ont pu nous tromper; et les *fripons* répondent toujours que Dieu a parlé par la bouche de ces hommes; ils (les sots) croiront les *fripons*. — 1762, VII, 12.

En vérité le cœur saigne quand on voit les progrès des mécréants. — 1764, IX, 7.

Nous avons cent mille écus de rentes et des honneurs, nous ne voulons pas les perdre pour vous faire plaisir : nous sommes de votre avis, mais nous vous brûlerons à la première occasion, pour vous apprendre à dire votre avis. — 1773, VI, 16.

*
* *

Le genre humain y (*l'Essai sur les mœurs*) est peint cette fois de trois quarts; il ne l'était que de profil aux autres éditions. Quoique je sois bien vieux, j'apprends tous les jours à le connaître. — 1763, II, 4.

Je vous recommande beaucoup de courage, et beaucoup de mépris pour le *genre humain.* — 1771, IV, 8.

Je fais du *genre humain* deux parts : l'opprimante et l'opprimée ; je hais l'une et je méprise l'autre. (D.) — 1771, XI, 18.

∴

L'idée qu'on peut faire passer une infinité de lignes courbes entre la tangente et le cercle m'a toujours paru une fanfreluche de Rabelais... Dieu merci, Euclide, autant que je m'en souviens, ne traite point cette question. — 1766, XII, 20.

∴

Quant à moi, je fais comme Horace, je m'enveloppe de ma vertu, je ne crains ni *n'attends rien* de personne ; ma conduite et mes écrits parlent pour moi à ceux qui voudront les écouter. Je défie la calomnie et je la mets à pis faire. (D.) — 1762, X, 26.

..... Mais j'ai résolu de ne *me mettre jamais au service* de personne et de mourir *libre* comme j'ai vécu. (D.) — 1765, XI, 22.

Il faut en ce monde-ci *avoir le moins de tyrans* qu'il est possible, et il ne faut pas rester dans un état que tout concourt à avilir. (D.) — 1766, VI, 25.

***

On a conclu unanimement qu'on était forcé de dire des choses qui menaient malgré l'auteur à cette *indifférence* fatale, parce qu'on n'obtiendra jamais des hommes qu'ils soient indulgents dans le fanatisme, et qu'il leur faut apprendre à mépriser, à regarder même avec horreur les opinions pour lesquelles ils combattent. — 1764, II, 13.

Chacun a pris son parti tout doucement, et je crois qu'on en restera là. Les charlatans en tout genre débiteront toujours leur orviétan ; les sages, en petit nombre, s'en moqueront; les fripons adroits feront leur fortune. On brûlera de temps en temps quelque apôtre indiscret. Le monde ira toujours comme il est toujours allé. — 1777, IX, 22.

∴

Si vous avez besoin d'*indulgence*, mes deux voyageurs pourront vous en ménager, car ils ont quelque crédit à la cour du saint-père, qui, par parenthèse, pourrait bientôt faire banqueroute; ainsi ceux qui veulent des absolutions doivent se dépêcher. (D.) — 1766, III, 11.

∴

..... Et ne cherchant qu'un prétexte pour se brouiller avec eux, afin d'être *dispensé de la reconnaissance*. (D.) — 1766, VIII, 11.

*
* *

Nous n'avons pas seulement *inventé* une brouette. — 1759, V, 4.

Toutes ces choses-là sont si sages, qu'on les croirait *inventées* par des Welches, s'ils avaient jamais *inventé* quelque chose. — 1764, IX, 7.

*
* *

Je n'aurais jamais cru que la destruction de *cette vermine* dût faire un si petit événement. (D.) — 1762, IX, 8.

Leur ami Caveyrac, auteur de l'apologie de la Saint-Barthélemy, a fait en leur faveur un ouvrage forcené qui a pour titre : *Il est temps de parler ;* je crois qu'on y répondra par : « Il est temps de partir. » (D.) — 1764, II, 22.

Nous touchons au moment de n'avoir plus de *jésuites ;* et ce qui m'étonne, c'est que les herbes poussent comme à l'ordinaire, et que le soleil ne s'obscurcit pas. La dernière éclipse même n'a pas été aussi forte que nous nous y attendions. L'univers ne sent pas la perte qu'il va faire. (D.) — 1764, IV, 6.

Les jésuites étaient nécessaires, ils faisaient diversion; on se moquait d'eux, et on va être écrasé par des pédants qui n'inspireront que l'indignation. — 1764, IV, 14.

C'est une plaisante contradiction d'avoir chassé *les bœufs*, et de ne vouloir pas qu'on parle de leurs cornes. — 1773, I, 15.

Car tout ce *qu'ils* (les jésuites) désirent, tout ce que veulent leurs amis, c'est de s'ouvrir un guichet de rentrée qui deviendra bientôt porte cochère. (D.) — 1774, III, 22.

Il ne faut que deux ou trois têtes chaudes pour troubler un empire. Il serait assez plaisant d'empêcher ces *marauds-là* de faire du mal à la Chine. — 1774, XII, 8.

Cette canaille ressemble aux vers de terre, fort aisés à couper, mais fort difficiles à mourir. (D.) — 1777, VI, 23.

*
* *

Voilà qui est bien long, disait-on. — Il faut un peu de temps, répondit Huber (Mme Cramer), quand il s'agit de donner un état à Jésus-Christ. — 1758, II, 5.

Plus nous sommes attachés à la sainte religion de notre sauveur *Jésus-Christ*, plus nous devons abhorrer l'abominable usage qu'on fait tous les jours de sa divine loi. — 1762, II.

Jésus-Christ doit être attaqué, comme Pierre Corneille, avec ménagement. — 1762, VII, 31,

Avouez que tous les matins ce pauvre corps-là ne sait à qui entendre, et qu'il doit avoir besoin de repos l'après-midi. (D.) — 1762, X, 2.

Ce que vous savez est bafoué. — 1763, IX, 28.

J'écrivais l'autre jour en ce pays-là que, si le roi voulait seulement dire un mot, ce serait une belle occasion pour engager le sultan à faire rebâtir le temple de Jérusalem. Cela nous vaudrait vraisemblablement une nouvelle instruction pastorale de Jean-Georges, où il nous prouverait que, quoique le temple fût rebâti à chaux et à ciment, *le Christ* n'en aurait pas moins dit la vérité. Que pensez-vous de ce projet? Il me semble que l'exécution en serait très-divertissante. (D.) — 1763, XII, 8.

J'ai bien peur d'être comme le *Fils de Dieu* : triomphant le dimanche sur un âne, crucifié le vendredi et enterré le samedi, pour ne pas ressusciter comme lui dans la huitaine. — 1778, I, 24.

∴

Pour une *cour de judicature*, c'est autre chose ; je ne lui dois rien que des épices quand j'ai des procès. — 1762, X, 17.

On ne *juge* donc plus de procès? Les plaideurs seront réduits à la dure nécessité de s'accommoder sans frais? — 1770, XII, 28.

Toutes les *affaires* sont longues, surtout quand il s'agit de rendre. — 1774, III, 5.

.... Que pour se laver d'un *arrêt* que le sot peuple appelle un opprobre, et qui n'est un opprobre que pour les juges. — 1774, XI, 21.

On m'a envoyé le nom des *juges*; on ne sait pas encore à quoi ils seront condamnés. — 1777, IV, 8.

∴

Êtes-vous homme à vous informer de ce jeune fou nommé M. de La Barre et de son camarade, qu'on a si doucement condamnés à perdre le poing, la langue et la vie, pour avoir imité Polyeucte et Néarque? — 1766, VII, 1.

∴

Ceux qui n'agiront pas comme moi sont des *lâches*, et je vous prie de leur signifier cela de ma part. — 1758, II, 13.

Il y a des gens qui ont leurs raisons pour être *lâches* et jaloux. — 1761, III, 3.

..... Et ne doit-on pas rougir, quand on est homme, de ne pas sonner le tocsin contre ces ennemis de l'humanité? — 1761, V, 7.

Un des plus grands malheurs des honnêtes gens, c'est qu'ils sont des *lâches*. — 1766, VIII, 7.

Une grâce n'est que l'aveu d'un crime. — 1774, X, 29.

Je n'aime point qu'on demande grâce quand on doit demander justice. — 1774, XI, 7.

Je pensais et je pense qu'il vaut mieux purger la contumace au Parlement que de demander des lettres de grâce, parce que grâce suppose crime..... — 1774, XI, 21.

Je suis comme cet autre qui disait qu'il n'aimait pas les *tièdes*, et qu'il les vomissait de sa bouche. L'expression n'est ni noble, ni juste; mais cela lui arrive souvent. — 1774, XII, 9.

*
* *

..... Mais il est essentiel qu'on n'y (en Europe) prenne point des solécismes pour des beautés. — 1761, IX, 15.

C'est un autre abus de notre écriture que cet emploi d'*ai* pour *è*. (D.) — 1770, III, 11.

Le seul défaut, c'est l'identité de la préposition *à* et du verbe *a*. (D.)—1770, III, 11.

J'avoue qu'il y a un peu d'arbitraire dans mon euphonie ; chacun a l'oreille faite comme il peut. — 1770, III, 19.

Je ne suis plus de ce monde ; je m'en vas ou je m'en vais. — 1773, VI, 16.

*
* *

..... Mais il faut savoir mourir pour la *liberté*. — 1770, XII, 21.

Hélas! on bat les philosophes partout. La raison et la *liberté* sont mal reçues dans le monde. — 1776, X, 22.

*
* *

Je voudrais voir, après ces déluges de plaisanteries et de sarcasmes, quelque ouvrage sérieux, et qui pourtant se fît lire, où les philosophes fussent pleinement justifiés, et l'*infâme* confondue. — 1760, VI, 23.

Je voudrais que vous écrasassiez l'*infâme*; c'est là le grand point. — 1760, VI, 23.

Si vous avez plusieurs sages de cette espèce dans votre secte, je tremble pour l'*infâme*; elle est perdue dans la bonne compagnie. — 1760, XI, 17.

..... Mais chacun ne songe qu'à soi, et on oublie le premier des devoirs, qui est d'anéantir l'*infâme*...... — 1761, IV, 20.

Riez et aimez-moi : Confondez l'*infâme* le plus que vous pourrez. — 1761, IV, 20.

Ils (les grands) méprisent l'*infâme*. — 1761, V, 7.

En un mot je vous recommande l'*infâme*; faites-moi ce plaisir avant que je meure; c est le point essentiel. — 1761, V, 7.

Écrasez l'*infâme*, je vous en conjure. — 1762, II, 25.

Écrasez l'*infâme*, me répétez-vous sans cesse; eh! mon Dieu! laissez-la se précipiter elle-même; elle y court plus vite que vous ne pensez. (D.) — 1762, V, 4.

Pour moi, qui vois tout en ce moment couleur de rose, je vois d'ici.... et l'*infâme* écrasée sans qu'on s'en aperçoive. (D.) — 1762, V, 4.

Écrasez..... — 1762, VII, 12.

L'*infâme*, puisque *infâme* il y a, n'y perdrait rien ou peu de chose, et nous serions traités de fous par ceux mêmes que nous aurions convertis. (D.) — 1762, VII, 31.

Enfin, le 6 du mois prochain, la canaille parlementaire nous délivrera de la canaille jésuitique, mais la raison en sera-t-elle mieux, et l'*infâme* plus mal? (D.) — 1762, VII, 31.

Souvenez-vous d'ailleurs que si Rousseau est persécuté, c'est pour avoir jeté des pierres, et d'assez bonnes pierres, à cette *infâme* que vous voudriez voir écrasée, et qui fait le refrain de vos lettres, comme la destruction de Carthage était le refrain de tous les discours de Caton au sénat. (D.) — 1762, IX, 8.

Criez partout, je vous en prie, pour les Calas et contre le fanatisme, car c'est l'*infâme* qui a fait leur malheur. — 1762, IX, 15.

Vous voyez que la philosophie commence déjà très-sensiblement à gagner les trônes, et adieu l'*infâme* pour peu qu'elle en perde encore quelques-uns. (D.) — 1762, X, 2.

Par ma foi! c'est un terrible livre, à mon

avis, contre l'*infâme* que vous haïssez tant. (D.) — 1762, X, 2.

L'*infâme* commence à être fort bafouée. Rendez-lui toujours le petit service de la montrer dans tout son ridicule et dans toute sa laideur. — 1762, XI, 1.

A l'égard de l'*infâme*, si les dégoûts qu'on lui donne continuent, il ne sera pas nécessaire de lui arracher le masque, il tombera de lui-même ; en tout cas je crois trop dangereux de l'arracher, mais très-bien fait de le décoller peu à peu. (D.) — 1762, XI, 17.

Tout ce que peuvent faire les honnêtes gens, c'est de gémir entre eux, quand cette *infâme* (la superstition) est persécutante, et de rire quand elle n'est qu'absurde ; d'éclairer le plus d'esprits bien nés qu'on peut, et de former insensiblement dans l'esprit des hommes destinés aux places une barrière contre ce fléau abominable. — 1762, XI, 28.

Quoi que vous fassiez, écrasez l'*infâme*. — 1762, XI, 28.

La raison va grand train. Écrasez l'*infâme*. — 1763, I, 18.

Au surplus, écrasez l'*infâme*. — 1763, V, 1.

Écrasez l'*infâme*. — 1763, IX, 28.

Défendez la bonne cause « *Pugnis, unguibus et rostro ;* » animez les frères, continuez à larder de bons mots les sots et les fripons. Écrasez l'*infâme*. — 1763, XII, 13.

Soyons toujours tendrement unis dans la communion des gens de bien ; lisons bien la sainte Écriture, et écrasons l'*infâme*. — 1763, XII, 15.

Vous vous contentez de rire des sottises des hommes ; ils ne méritent pas que vous les éclairiez : cependant il est toujours bon de couper de temps en temps quelques têtes de l'*hydre*, dussent-elles renaître. Ce monstre, en se souvenant du couteau, en est moins hardi et moins insolent ; il voit que vous tenez la massue prête à l'écraser, et il tremble. — 1763, XII, 31.

Au milieu de toute votre gaieté, tâchez toujours d'écraser l'*infâme ;* notre principale occupation dans cette vie doit être de combattre ce monstre. Je ne vous demande que cinq ou six bons mots par jour, cela suffit ; il ne s'en relèvera pas. — 1764, I, 30.

Enfin, telle est notre situation, que nous sommes l'exécration du genre humain, si nous n'avons pas pour nous les honnêtes gens; il faut donc les avoir à quelque prix que ce soit; travaillez donc à la vigne, écrasez l'*infâme*. — 1764, II, 13.

Écrasez l'*infâme*, vous dis-je. — 1764, II, 30.

Écrasez l'*infâme*. — 1764, III, 1.

Si vous pouvez écraser l'*infâme*, écrasez-la. — 1764, IV, 14.

.... Car assurément je ne me suis pas endormi, demandez-le plutôt à l'*infâme*. — 1764, VII, 16.

S'il (Frédéric II) avait voulu faire ce qu'il m'avait autrefois tant promis : prêter vigoureusement la main pour écraser l'*infâme*, je pourrais lui pardonner. — 1764, IX, 7.

.... Et si vous ne daignez pas écrire en faveur de la bonne cause, du moins vous écraserez *la mauvaise*, en disant ce que vous pensez. — 1764, IX.

Écrasez l'*infâme*. — 1764, XII, 19.

Écrasez l'*infâme*. — 1764, XII, 26.

.... Mais je pardonne tout, pourvu que l'*infâme* soit décriée comme il faut chez les honnêtes gens, et qu'elle soit abandonnée aux laquais et aux servantes, comme de raison. — 1765, I, 9.

Elle (la raison) en (des progrès) fera tous les jours; il se trouvera toujours quelque bonne âme qui dira son mot en passant, et qui écrasera l'*infâme*, ce que je vous souhaite au nom du Père et du Fils.— 1765, I, 15.

C'est bien dommage, encore une fois, que Jean-Jacques, Diderot, Helvétius et vous, *cum aliis ejusdem farinæ hominibus*, vous ne vous soyez pas entendus pour écraser l'*infâme*.— 1765, II, 5.

Combattez, mon cher Bellérophon, et détruisez *la Chimère*. — 1765, II, 5.

Est-ce qu'il (Rousseau) ne savait pas qu'on peut mettre l'*infâme* en pièces sans graver son nom sur le poignard dont on l'a tuée?—1765, III, 25.

Plût à Dieu que les autres frères eussent écrit ainsi! L'*infâme* ne se débattrait pas encore comme elle fait sous la vérité qui l'écrase. — 1765, IV, 3.

Écrasez l'*infâme*. — 1765, IV, 3.

Fournissez-nous souvent de ces petits stylets mortels à poignée d'or enrichie de pierreries; l'*infâme* sera percée par les plus belles armes du monde, et ne craignez point que Gabriel y perde. — 1765, IV, 9.

Recommandez-moi aux prières de nos frères. Écrasez l'*infâme*. — 1765, VI, 24.

Au milieu de toutes ces querelles, l'*infâme* est dans le plus profond mépris. — 1765, X, 16.

Cinq ou six personnes de votre trempe suffiraient pour faire trembler l'*infâme*, et pour éclairer le monde. — 1765, X, 16.

Ayez l'*infâme* en exécration. — 1765, X, 16.

Si vous n'écrasez pas l'*infâme*, vous avez manqué votre vocation. — 1766, VI, 26.

Il (Damilaville) doit être content, et vous aussi, du mépris où l'*infâme* est tombée chez tous les honnêtes gens de l'Europe. C'était tout ce qu'on voulait et tout ce qui était nécessaire. On n'a jamais prétendu éclairer les cordonniers et les servantes : c'est le partage des apôtres. — 1768, IX, 2.

*
* *

.... Tant mieux si on lit leur *livre*, cela fera naître des éclaircissements. — 1762, XI, 28.

Ce qui me déplaît dans presque tous les *livres* de votre nation, c'est que personne n'ose mettre son âme sur le papier, c'est que les auteurs feignent de respecter ce qu'ils méprisent. — 1764, IV, 14.

Je voudrais bien savoir quel mal peut faire un *livre* qui coûte cent écus. Jamais vingt volumes in-folio ne feront de révolution ; ce sont les petits *livres* portatifs à trente sous qui sont à craindre. Si l'Évangile avait coûté douze cents sesterces, jamais la religion chrétienne ne se serait établie. — 1765, IV, 5.

Si on abrégeait encore ce *livre* (le *Bon sens*) (ce qu'on pourrait aisément, sans y faire tort) et qu'on le mît au point de ne coûter que dix sous et de pouvoir être acheté et lu par les cuisinières, je ne sais comment s'en trouverait la cuisine du clergé. (D.) — 1775, VIII, 15.

Je ne vois partout que du charlatisme. Votre prédécesseur, l'abbé d'Olivet, disait toujours quand il voyait de tels *livres* : « Cela ne fait de mal à personne. » Je ne suis point de son avis : cela fait grand mal ; car ces lectures rendent l'esprit faux et donnent de l'humeur au petit nombre de ceux qui n'aiment que le vrai. — 1776, II, 15.

∴

Il y a certains *miracles* qu'on fait, et d'autres qu'on ne fait pas. — 1756, VIII, 2.

∴

On *meurt* comme on a vécu. — 1771, IV, 27.

* * *

Vous voilà en train de faire des *Nazaréens* (n'est-ce pas de *Nazaréens* que vient Nazarde ?) de faire des *Nazaréens*, dis-je, ce que Blaise Pascal faisait des jésuites. Vous les rendrez ridicules *in sæcula sæculorum. Amen.* (D.) — 1764, V, 1.

* * *

Il faut qu'on tourne les yeux vers le *Nord*; le Midi n'a que des marionnettes barbares. — 1766, VIII, 25.

... Et ne trouvez-vous pas étrange que trois ou quatre êtres, au fond du *Nord*, décident du malheur de cinq ou six millions d'hommes, qui veulent bien le souffrir ? (D.) — 1773, IV, 6.

* * *

L'œuvre des six jours est sujette à rencontrer des railleurs. — 1761, X, 10.

Il n'appartient qu'au Dieu de Moïse de créer *en six jours* un monde. — 1762, II, 25.

L'ouvrage des six jours était fait pour que l'auteur se repentît. — 1762, XI, 1.

* * *

Quand un homme public est bête, il faut l'être comme *Omer*, ou ne point s'en mêler.— 1762, IX, 15.

* * *

Hercule, ameutez des Hercules. Encore une fois c'est l'*opinion* qui gouverne le monde, et c'est à vous de gouverner l'*opinion*. — 1767, XII, 26.

*
* *

Si j'avais un terme plus fort que celui du mépris et de l'exécration, je m'en servirais pour tout ce qui se passe à *Paris*. — 1759, X, 15.

Expliquez-moi par quelle fatalité la philosophie ne peut se résoudre à quitter *ces bords* (de la Seine), malgré les dégoûts qu'elle *y* éprouve, et le peu de prosélytes qu'elle *y* fait. (D.) — 1763, II, 12.

*
* *

Les *Parlements* finiront mal, et plus tôt qu'on ne croit. (D.) — 1764, III, 26.

S'ils reparaissaient, ce ne serait que pour être en horreur à la France ; et la philosophie y gagnerait, bien loin d'y perdre. — 1771, IX, 13.

∴

... Car il est affreux d'être vieux et *pauvre*. (D.) — 1765, VI, 30.

Quoique je sente les inconvénients de la *pauvreté*, j'aime mieux rester *pauvre* que de devoir ma fortune à de pareilles gens. (D.) — 1765, VIII, 13.

∴

...Car si ces païens (vertueux) sont damnés, Dieu est atroce; et s'ils ne le sont pas, on peut donc, à toute force, être sauvé sans être chrétien. (D.) — 1767, IV, 6.

∴

Il n'est pas bon qu'une nation s'avise de *penser*; c'est un vice dangereux qu'il faut abandonner aux Anglais. — 1764, V, 8.

Si elle (la nation) ne se met pas à *penser*, que deviendra-t-elle? — 1767, XI, 4.

Consolons-nous : un temps viendra où il sera permis de *penser* en honnête homme. — 1767, XII, 26.

On a fait trois éditions de ce petit ouvrage (*Examen de l'histoire de Henri IV*) en province; car la province *pense* depuis quelques années. — 1769, I, 13.

⁂

Pour moi, qui n'ai que deux jours à vivre, je les mettrai à *persécuter* les *persécuteurs*. — 1761, II, 9.

On ne peut cesser d'être *persécuteurs* sans avoir cessé auparavant d'être *absurdes*.—1764, II, 13.

Juifs et chrétiens, rabbins et sorbonistes, tous ces polissons consentent à se partager entre eux sur quelques sottises; mais tous crient de concert haro sur le premier qui osera se moquer des sottises sur lesquelles ils s'accordent. (D.) — 1764, II, 22.

On roue un homme plus vite qu'on ne lui donne une pension. — 1764, III, 25.

..... Et s'ils étaient les maîtres, il est sûr qu'ils verseraient le sang des philosophes sur les échafauds. — 1764, X, 19.

A peine en parle-t-on un moment, on court ensuite à l'Opéra-Comique, et la barbarie, devenue plus insolente par notre silence, égorgera demain qui elle voudra juridiquement.— 1766, VII, 18.

Monstres *persécuteurs*, qu'on me donne seulement sept ou huit personnes que je puisse conduire, et je vous exterminerai. — 1766, VIII, 25.

Si cet évêque (d'Annecy) n'était pas un polisson de Savoyard, il vous aurait peut-être fait beaucoup de mal. (D.) — 1768, V, 31.

Il est vrai qu'ils (les Turcs) ne sont pas *persécuteurs*, mais ils sont abrutisseurs (D.)—1769, IX, 4.

.... Et quand on voit les *oppresseurs opprimés* à leur tour, on doit bénir Dieu. — 1771, IV, 8.

Portez-vous bien, mon cher ami; la vie est horrible sans la santé; mais, lorsqu'à la maladie il se joint une petite pointe de *persécution*, cet état n'est pas plaisant.—1771, VI, 14.

Nous revenons au temps où l'on agitait la question : « *De mathematicis ab urbe expellendis.* » — 1771, VIII, 19.

.... Ce qui prouve qu'il ne faut jamais couper la langue et le poing aux enfants, ni leur donner la question ordinaire et extraordinaire, ni les brûler à petit feu, parce que, après tout, ils peuvent se corriger. — 1774, IX, 28.

Comme je vais partir bientôt pour l'autre monde, je vous lègue d'Etallonde, mais sous le plus grand secret, parce que, si vous parlez, on me déterrera pour me brûler avec lui. — 1774, IX, 28.

Cela fait voir qu'il ne faut pas tant se presser de couper le poing et la langue à un enfant, de lui donner la question ordinaire et extraordinaire, et de le jeter tout vivant dans un bûcher composé d'une corde de bois et d'une grande charrette de fagots, car on ne sait jamais ce qu'un enfant deviendra. — 1775, XI, 6.

*
* *

Je ne parle pas des impies qui embrassent ouvertement le système de Spinosa ; je parle des honnêtes gens qui n'ont point de principes fixes sur la nature des choses, qui ne savent pas ce qui est, mais qui savent très-bien ce qui n'est pas. Voilà mes vrais *philosophes*.— 1765, IV, 5.

On ne s'était pas douté que la cause des rois fût celle des *philosophes*. — 1765, X, 16.

Les missionnaires courent la mer et les terres ; il faut au moins que les *philosophes* courent les rues ; il faut qu'ils aillent semer le bon grain de maisons en maisons. — 1766, VI, 26.

Les *philosophes* finiront un jour par faire rendre aux princes tout ce que les prêtres leur ont volé ; mais les princes n'en mettront pas moins les *philosophes* à la Bastille, comme nous tuons les bœufs qui ont labouré nos terres. — 1768, X, 15.

Il ne sait pas qu'un capucin prêchant à

Saint-Roch a plus de crédit sur le peuple que tous les gens de bon sens n'en auront jamais. Il ne sait pas que les *philosophes* ne sont faits que pour être persécutés par les Cuistres et les Sous-tyrans.— 1769, VI, 4.

Je sais que ce sentiment est abominable, mais du moins il s'entend, et c'est quelque chose en *philosophie* que de savoir au moins ce qu'on veut dire, quand on ne sait pas ce qu'on doit dire. (D.) — 1769, VIII, 15.

... Et la réflexion qu'il y faut joindre, c'est que, puisque nous n'en savons rien, il ne nous importe pas, sans doute, d'en savoir davantage. (D.) — 1770, VII, 25.

Je ne trouve pas ces messieurs (les *philosophes*) adroits : ils attaquent à la fois Dieu et le diable, les grands et les prêtres. Que leur restera-t-il ? — 1770, VII, 27.

Par ma foi, il n'y a de plaisir à être *philosophe* que comme le roi de Prusse, avec cent cinquante mille soldats. — 1770, XII, 19.

On peut chez vous faire pendre des *philosophes*, mais la *philosophie* subsistera toujours. — 1772, VII, 1.

Je suis bien étonné que monsieur l'archevêque n'ait pas dit dans son mandement que c'étaient les *philosophes* qui avaient mis le feu à l'Hôtel-Dieu. (D.)— 1773, I, 9.

Je ne sais de qui la *philosophie* a le plus à se plaindre en ce moment : ou de ses vils ennemis, ou de ses soi-disants protecteurs. (D.) — 1773, IV, 27.

Ces beaux messieurs ont bien raison de détester la *philosophie*, qui les condamne et qui les méprise. — 1773, V, 19.

La *philosophie* peut-elle réparer les maux affreux qu'a faits la superstition?—1774, IX, 28.

Il faut qu'au moins la *philosophie* et la raison fassent justice dans leur petit domaine, puisqu'elles sont battues à la Nouvelle-York ; mais on aura beau faire, cette chienne de *philosophie* sera, comme le prince d'Orange, souvent battue et jamais défaite. — 1776, XI, 5.

Il (Frédéric II) ne *lui* a pas donné le *Système de la nature*, dont l'auteur, en effet, a fait une grande sottise de réunir, contre la *philosophie*, les princes et les prêtres, en leur persuadant, très-mal à propos, selon moi, qu'ils font bourse et cause communes. (D.) — 1778, I, 24.

*
* *

Adieu, mon cher ami, je vous embrasse et vous recommande les *polissons* et leurs protecteurs. — 1772, III, 1.

Il m'a passé quelquefois de pareils *croquants* par les mains. — 1772, XI, 13.

Voilà, mon cher ami, *les canailles* qu'on protége; ce n'est pas de *ces canailles*, qui ne méritent que le mépris, c'est de leurs protecteurs qu'il faudrait faire justice. — 1772, XII, 26.

Il n'y a pas longtemps que les *polissons* qu'on nomme ministres ou pasteurs, ont présenté une requête aux *polissons* de je ne sais quel conseil de Genève, pour obtenir une augmentation de leur pension et une diminution du nombre de leurs prêches, attendu, disaient-ils, que personne ne venait plus les entendre. — 1776, II, 8.

*
* *

Eh! jean-foutres, parlez moins de *population* et *peuplez!* — 1759, II, 19.

*
* *

Que m'importe que le *préjugé* crie, quand j'ai pour moi la raison? je ne songe qu'au vrai et à l'utile.— 1762, VII, 12.

... Mais les vieux noms font un merveilleux effet. — 1763, IX, 28.

*
* *

Il (Rousseau) voulait se faire valoir auprès des *pédants* de Genève, qui prêchaient contre la comédie, par jalousie de métier. — 1765, I, 9.

Les *prêtres* sont dans la boue, et les citoyens dans un orage. — 1765, X, 16.

Que dites-vous aussi des compliments que fait le roi d'Espagne à tous les autres moines, *prêtres*, curés, vicaires et sacristains de ses États, qui ne sont, à ce que je crois, moins dangereux que les jésuites que parce qu'ils sont plus plats et plus vils? — 1767, V, 4.

On ne peut voir passer un *prêtre* dans les rues sans rire ; c'est bien pis dans le Nord. — 1767, IX, 30.

Les prêtres n'ont garde d'y (Suède) faire comme le roi et d'offrir aux peuples leur démission; ils craindraient trop d'être pris au mot. (D.) — 1769, I, 19.

Ce fripon qui a été *prêtre* autrefois, et qui en était digne..... — 1769, VI, 4.

Toutes les fois qu'on veut aujourd'hui rendre ridicules ou odieux des *prêtres* de quelque secte que ce soit, les nôtres regardent au dedans d'eux-mêmes et se disent en grinçant des dents : « *Mutato nomine, de me fabula narratur.* » (D.) — 1769, XII, 11.

Je ne sais qui des deux était le plus impudent: je crois pourtant que c'était l'abbé Desfontaines, parce qu'il était *prêtre*. — 1773, VI, 2.

C'est l'inconvénient de mettre la jeunesse entre les mains d'une communauté de *prêtres* quelconques : ultramontains par principes, et anticitoyens par état... (D.) — 1774, III, 22.

.... Un des plus dignes *prélats* qui soient dans l'Eglise de Dieu, et à qui il ne manque rien que de savoir lire et écrire. (D.) — 1776, X, 5.

... Ces *évêques* qui montraient avec complaisance leurs oreilles coupées pour la foi, et qui méritaient bien de les montrer tout entières. (D.) — 1777, VI, 23.

*
* *

La *Providence* fait toujours du bien à ses serviteurs, mon cher philosophe.—1769, VII, 23.

*
* *

Le *public* est un animal à longues oreilles, qui se rassasie de chardons, qui s'en dégoûte peu à peu, mais qui brait quand on veut les lui ôter de force; ses opinions moutonnières et le respect qu'il veut qu'on leur porte me paraissent dire aux auteurs : « Il se peut faire que je ne sois qu'un sot, mais je ne veux pas qu'on me le dise. » (D.) — 1762, VII, 31.

* * *

.... Quoiqu'à vous dire le vrai, je me défie d'une lettre sur les *deux puissances*, écrite par l'une d'elles. (D.) — 1773, IV, 6.

L'intérêt de l'humanité demanderait, à la vérité, que la *puissance spirituelle* fût mise nue comme la main; mais il demanderait aussi que la *puissance temporelle* ne fût qu'honnêtement vêtue, et non pas affublée de couvertures. (D.) — 1773, IV, 6.

Il faut avoir cent mille hommes à ses ordres pour faire de pareils écrits. — 1774, VIII, 17.

* * *

Que suis-je? est, en physique, ma devise générale et continuelle. (D.) — 1768, IX, 14.

⁂

Tous ces fanatiques en appellent de part et d'autre à la *raison;* mais la *raison* fait pour eux comme la mort : « La cruelle qu'elle est.. . » (D.) — 1763, I, 12.

Nous touchons au temps où les hommes vont commencer à devenir *raisonnables :* quand je dis les hommes, je ne dis pas la populace, la grand'chambre et l'assemblée du clergé; je dis les hommes qui gouvernent, je dis les gens de lettres dignes de ce nom. — 1763, XII, 13.

C'est bien dommage que cette *raison* funeste, qui nous égare si souvent, s'élève avec tant de force contre la religion chrétienne.—1764, I 8.

Après tout, l'essentiel est pourtant d'avoir *raison;* cela est de précepte, et la politesse n'est que de conseil. — 1764, III, 2.

Il faut avouer, quoi qu'on en dise, que la raison a fait de terribles progrès depuis environ trente ans.— 1765, I, 15.

Vous voilà en train de détruire : amusez-vous à détruire successivement toutes nos sottises welches. Un destructeur tel que vous sera un fondateur de la *raison.* — 1765, I, 25.

Or, quand deux gens qui pensent, sont d'accord sans s'être donné le mot, il y a beaucoup à parier qu'ils ont *raison.*—1766, XII, 20.

Pardieu ! le temps de la raison est venu ! — 1767, IX, 4.

Vous lèverez donc les épaules ensemble sur l'avilissement où l'on veut jeter les lettres, sur la conspiration contre la *raison* et contre la liberté.....— 1767, XI, 4.

Il n'est pas bien sûr qu'il (Maupertuis) eût *raison*, mais il est très-sûr qu'il a été fou et persécuteur. — 1769, X, 28.

*
* *

Les agneaux que vous croyez tolérants seraient des loups si on les laissait faire.— 1757, XII, 2.

.... *Ils* n'auront que la honte d'avoir renié inutilement leur créance.— 1757, XII, 12.

Je vous assure que mes amis et moi, nous *les* mènerons beau train; *ils* boiront le calice jusqu'à la lie.— 1758, I, 3.

*
* *

Détruisez, détruisez tant que vous pourrez, mon cher philosophe; vous servirez l'Etat et la philosophie. — 1765, II, 5.

Une grande *révolution* dans les esprits s'annonce de tous côtés. — 1765, IV, 5.

Jouissez de l'étonnante *révolution* qui se fait partout dans les esprits, et vivez pour éclairer les hommes. — 1765, IX, 18.

Ne pourriez-vous point me dire ce que produira dans trente ans la *révolution* qui se fait dans les esprits, depuis Naples jusqu'à Moscou? Je n'entends pas les esprits de la Sorbonne ou de la halle, j'entends les honnêtes esprits. — Je suis trop vieux pour espérer de voir quelque chose, mais je vous recommande le siècle qui se forme. — 1766, X, 15.

Les hommes s'éclaireront malgré les tigres et les singes. — 1767, XI, 4.

Nous aurons bientôt de nouveaux cieux et une nouvelle terre, j'entends pour les honnêtes gens ; car, pour la canaille, le plus sot ciel et la plus sotte terre est ce qu'il lui faut.— 1769, I, 13.

Nous touchons aux derniers temps, sans doute.— 1771, XI, 14.

Je suis fâché de mourir avant d'avoir vu les prémisses du *beau règne* dont vous allez jouir. — 1774, VI, 15.

⁂

J'aime mieux les *ridicules* que les héros. — 1760, VIII, 13.

Il ne faut pas seulement le (Pompignan) rendre *ridicule*, il faut qu'il soit odieux.—1761, X, 20.

Courage, Archimède, le *ridicule* est le point fixe avec lequel vous enlèverez tous ces maroufles et les ferez disparaître. — 1764, V, 1.

Le *ridicule* vient à bout de tout. — 1766, VI, 26.

J'espère le (Socin Vernet) rendre *ridicule*

sous tous les méridiens. (D.) — 1766, VII, 16.

Il faut que le neveu de l'abbé Bazin applique à ces deux drôles (Cogé, Pecus-Riballier) des soufflets qui les rendent *ridicules* à leurs écoliers mêmes. (D.) — 1767, VII, 14.

Mais un *bon mot* vaut bien un beau livre. — 1767, IX, 4.

Faites qu'on les montre au doigt quand ils passeront dans la rue ; et quand vous les aurez bien écorchés, bien salés, marchez-leur sur le ventre en passant, cela est fort amusant. —1767, IX, 4.

Il est vrai qu'on se moquera d'eux tant soit peu, mais un peu de honte est bientôt passé. (D.)— 1767, IX, 22.

J'avoue que Dieu fait briller son soleil sur les décrotteurs comme sur les rois, mais il n'empêche pas qu'on ne jette de la boue sur les décrotteurs insolents. (D.)— 1768, VI, 15.

..... Mais il (Linguet) n'entend pas comme il faut le secret de rendre les gens parfaitement *ridicules :* c'est un don de la nature qu'il faut soigneusement cultiver ; d'ailleurs rien n'est meilleur pour la santé. — 1768, XII, 23.

La persécution va jusqu'au *ridicule*, et c'est

le partage des Welches que ce *ridicule*.—1771, X, 19.

*
* *

Rire vaut mieux ; mais il y a encore tant de sots, que cela met en colère. — 1757, VII, 8.

Moquez-vous de tout et soyez gai. — 1758, I, 19.

J'ai depuis six mois une envie de *rire* qui ne me quitte point. — 1760, VII, 9.

Cela pourra exciter une petite guerre civile ; et, à votre avis, la guerre civile n'est-elle pas fort amusante? — 1760, VIII, 13.

Je veux finir ma vie par le supplice que demandait Arlequin : il voulait mourir de *rire*. — 1760, VIII, 13.

..... Dont j'aurai le plaisir de le (   ) remercier à la première occasion favorable, mais toujours *en riant*, parce que cela est bon pour la santé. (D.) — 1761, X, 31.

..... Et surtout moquez-vous de tout ; car il n'y a que cela de solide. (D.) — 1762, I, 27.

Et moi, j'attends tout en patience, sûr de

me moquer de quelqu'un et de quelque chose quoi qu'il arrive. (D.)— 1764, I, 15.

Je ne sais encore si le *carnifex* de « Messieurs » a brûlé la pastorale de Monseigneur. Que vous êtes heureux! vous devez *rire* du matin au soir de tout ce que vous voyez. — 1764, I, 30.

Riez, Démocrite; faites rire, et les sages triompheront.— 1764, I, 30.

Riez, mon cher philosophe, et instruisez les hommes. —1764, III, 1.

Moquez-vous de tout, car il n'y a que cela de bon. — 1765, II, 27.

C'est un grand plaisir de *rire* en se vengeant. —1766, VI, 26.

Je mourrai, si je puis, *en riant*, mais, à coup sûr, en vous aimant. —1766, VI, 26.

Ce n'est plus le temps de plaisanter; les bons mots ne conviennent point aux massacres. — 1766, VII, 18.

Non, encore une fois, je ne puis souffrir que vous finissiez votre lettre en disant : *Je rirai!* Ah! mon cher ami, est-ce là le temps de *rire? Riait-on* en voyant chauffer le taureau de Phalaris? Je vous embrasse avec rage. — 1766, VII, 23.

Riez donc, et *riez* bien fort. — 1773, XI, 19.

*
* *

Je voudrais que Rousseau ne fût pas tout à fait fou, mais il l'est. — 1760, VI, 23.

Mais enfin *il* a travaillé sans le vouloir, et beaucoup mieux qu'*il* ne pensait, pour la vigne du Seigneur, et, pour ma part, je lui en tiens beaucoup de compte. (D.)— 1762, IX, 25.

Il y a aussi une grosse et longue réfutation de *Rousseau* par quelque prêtre de paroisse (André). On pourrait l'intituler : « Réfutation du vicaire savoyard, par un décrotteur. » (D.) — 1762, X, 2.

..... Mais *il* souffre, *il* est malheureux, il faut bien *lui* passer quelque chose. — (D.) 1765, I, 3.

C'est le premier fou qui ait été malhonnête homme ; d'ordinaire les fous sont bonnes gens. — 1765. I, 15.

Jean-Jacques sera charmé d'être pendu,

pourvu qu'on mette son nom dans la sentence. — 1765, I, 15.

Au fond, le pauvre *Jean-Jacques* est fou. — 1765, IV, 9.

Vous savez que le Parlement d'Angleterre a révoqué son timbre ; je ne pense pas qu'il raccommode celui de *Jean-Jacques.* — 1766, III, 12.

A l'égard de l'ami Vernet, il est dans la boue avec *Jean-Jacques*, et ni l'un ni l'autre ne se relèveront. — 1766, XI, 28.

Savez-vous que *Rousseau* a une pension de deux mille quatre cents livres du roi d'Angleterre ? un honnête homme ne l'aurait pas obtenue. — 1767, IV, 6.

..... Mais cela est tombé au fond de la bourbe du fleuve de l'oubli, avec les ouvrages extravagants de *Jean-Jacques*, qui vaut pourtant beaucoup mieux que lui. (Fréron.) — 1770, IV, 27.

Je ne connais point de plus méprisable charlatan. — 1770, VII, 27.

* * *

Et ceux qui se font tuer pour ces *messieurs-là* sont de terribles imbéciles.— 1757, XII, 12.

Il faudrait avoir aussi peu de lumières que de goût, et se connaître aussi mal en style qu'en hommes, pour... imaginer que... vous vous déchaîniez indignement contre la *majesté royale*, dont vous n'avez jamais parlé ni écrit qu'avec le respect qui lui est dû. (D.) — 1762, X, 26.

Puisque je suis en train de vous parler des *rois*, je vous avoue que Catau (Mme Du Barry) me néglige fort, et que le grand Turc ne m'a pas écrit un mot ; vous voyez que je ne suis pas glorieux. — 1770, XII, 21.

Que voulez-vous, mon cher ami? il faut prendre les *rois* comme ils sont, et Dieu aussi. — 1778, I, 4.

*
* *

Ce n'est pas le tout d'être mourante, il faut encore n'être pas vipère. (D.) — 1760, VI, 6.

Bon, bon, si on voulait croire tous ces gens-là, il n'y en aurait pas un de mort. — 1762, V, 4.

J'ai lu le *Dictionnaire des hérésies ;* je connais quelque chose de plus fort. Dieu nous aidera. — 1762, XI, 1.

Au surplus, pourvu qu'il (Caveyrac) soit pendu, n'importe le pourquoi. (D.) — 1763. I, 12.

Mes chers amis, ce n'est pas le tout d'être absurde, il faut encore n'être pas atroce. (D.) — 1764, II, 22.

Messieurs les pénitents blancs devraient bien rougir d'être si noirs.— 1764, VII, 9.

Mais ce n'est pas le tout d'être laquais, il faut être honnête homme. (D.) — 1765, I, 3.

Dieu nous conserve ce cher homme!—1773, 1, 1.

Il réussirait mieux avec moins d'injures et plus de bons ouvrages. (D.) — 1776, III, 25.

*
* *

Il en (Hochstedt-Ramillies) arrivera ce qu'il pourra ; j'ai (abbé de Dangeau) là dedans (son bureau) trois mille verbes bien conjugués. (D.) — 1762, V, 4.

*
* *

Vous ne savez pas, vous autres Parisiens, combien de cuistres en mitre, en robe, en bonnet carré, se sont ligués, dans les provinces, contre le *sens commun*. — 1769, VI, 4.

*
* *

Il est très-important que dans votre traduction vous ayez conservé partout le caractère de *l'original* dans chaque phrase, afin que les

Anglais ne vous reprochent pas, ou d'ignorer la valeur des expressions dans leur langue, ou d'avoir défiguré *leur idole*, pour ne pas dire *leur magot*. (D.) — 1762, IX, 8.

Je viendrai à lui (Guénée) quand j'aurai achevé d'étriller Shakespeare. — 1776, X, 22.

*
* *

Je ferai tirer sur le premier *prêtre socinien* qui passera sur mon territoire.—1761, X, 10.

*
* *

Je ne m'accoutumerai point à voir les sages écrasés par les *sots*. — 1758, II, 5.

Les *sottises* humaines méritent qu'on en rie, et non pas qu'on s'en fâche. (D.) — 1760, VI, 16.

.... Mais n'importe; il y a des *sots* qui se payent de pareilles raisons, et ces *sots-là* en entraînent d'autres, et de *sots en sots* l'innocence et la vérité restent opprimées. (D.) — 1762, IX, 25.

Je suis malade, j'ai peur d'être assez *sot* pour être malade de chagrin ; mais que mes ennemis ne le sachent pas. — 1762, X, 26.

Je ne me souviens plus quel était l'honnête homme qui priait Dieu tous les matins que ses ennemis fissent des *sottises*. — 1765, III, 25.

Je voudrais que tout homme public, quand il est près de faire une grosse *sottise*, se dît toujours à lui-même : « L'Europe te regarde. » — 1765, VIII, 28.

N'admirez-vous pas les sobriquets que le *sot* peuple donne à de certaines gens ?— 1766, VIII, 7.

On dira que ces pédants-là ne sont pas même décidés sur le genre de *sottises* qu'ils ont à dire. (D.) — 1767, IX, 22.

C'est se moquer du monde que de dire : « Admirez des *sottises*, parce que l'auteur a fait autrefois de bonnes choses. » — 1773, XII, 15.

On assure donc que ce Chrysostome non lettré a représenté au gouvernement que, choisir pour ministre des finances un homme qui ne va pas à la messe est un crime qui tient de la bestialité. On lui a répondu que sa remontrance tenait de la *bêtise*, et on l'a renvoyé dire sa messe, et Guénée la servir. (D.) —1776, XI, 5.

*
* *

Les petits *réussissent* quelquefois en donnant de bonnes raisons. — 1760, VII, 24.

*
* *

Vous me dites *qu'elle* perd son crédit vers la Seine : je le souhaite; mais songez qu'il y a trois cent mille hommes gagés pour soutenir *ce colosse affreux*, c'est-à-dire plus de combattants pour la *superstition* que la France n'a de soldats. — 1762, XI, 28.

C'est un bon arbre, disent les scélérats dévots, qui a produit de mauvais fruits; mais, puisqu'il en a tant produit, ne mérite-t-il pas qu'on le jette au feu? — 1762, XI, 28.

Je ne sais si l'empereur est des nôtres, mais

je m'accoutumerai difficilement à ne pas voir la maison d'Autriche avec un vernis de *superstition.* (D.) — 1769, XI, 9.

Vous écrasez sous ce marbre la *superstition*, qui levait encore la tête. — 1770, VI.

*
* *

... Le pis de la chose, c'est qu'il (Palissot) croit sa pièce bonne, parce qu'elle n'est pas absolument mal écrite; il ne sait pas encore qu'il faut être ou plaisant ou intéressant. — 1760, VIII, 13.

Je crois en général (et je vais peut-être dire un blasphème) que c'est plutôt l'art de la versification que celui du *théâtre* qu'il faut apprendre chez Racine. (D.)— 1769, XII, 11.

*
* *

C'est moi qui suis forcé de modérer la noble liberté d'un *théologien* qui, étant prêtre par état, est incrédule par sens commun. — 1757, II, 29.

J'espère que bientôt tous ces marauds de *théologiens* seront si ridicules, qu'ils ne pourront nuire. — 1767, IX, 4.

C'est (Biord) un drôle qui joint aux fureurs du fanatisme une friponnerie consommée, avec l'imbécillité d'un *théologien* né pour faire des cheminées ou pour les ramoner. — 1769, V, 24.

***

Eux seuls (les philosophes) ont prêché la *tolérance* dans le temps que toutes les sectes sont *intolérantes* autant qu'elles le peuvent. — 1764, XI, 9.

***

Que deviendra le *petit troupeau* s'il est désuni et dispersé? (D.)— 1761, IV, 9.

Dieu aura toujours pitié de son troupeau. — 1770, XI, 23.

Mais le sang de nos martyrs fait des prosélytes. *Le troupeau des sages* grossit à la sourdine. — 1773, VII, 3.

Le petit nombre des élus subsistera toujours. Il est probable qu'il ne sera jamais puissant; mais il sera indestructible. — 1777, I, 4.

*
* *

Il ne faut que cinq ou six philosophes *qui s'entendent* pour renverser le colosse; il ne s'agit pas d'empêcher nos laquais d'aller à la messe ou au prêche; il s'agit d'arracher les pères de famille à la tyrannie des imposteurs, et d'inspirer l'esprit de tolérance. — 1757, XII, 6.

Faites un corps, messieurs; un corps est toujours respectable. — 1758, I, 19.

Ameutez-vous, et vous serez les maîtres. — 1758, I, 19.

Serait-il possible que cinq ou six hommes de mérite *qui s'entendront* ne réussissent pas après les exemples que nous avons de douze faquins qui ont réussi? — 1760, VII, 24.

Ah! mon Dieu! si trois ou quatre hommes comme nous avaient voulu se *donner*, le monde serait sage; et je mourrai peut-être avec la douleur de le laisser aussi imbécile que je l'ai trouvé!— 1764, V. 8.

Le plus grand de mes chagrins est de voir les imposteurs *unis*, et les amis du vrai *divisés*. — 1765, II, 5.

C'est une pitié que vous soyez dispersés *sans étendard et sans mot de ralliement*. — 1765, X, 16.

Ce qui me fâche le plus, c'est que les cuistres, les fanatiques, les fripons, sont *unis*, et que les gens de bien sont *dispersés*, isolés, tièdes, indifférents, ne pensant qu'à leur petit bien-être; et, comme dit l'autre, ils laissent égorger leurs camarades, et lèchent leur sang. — 1767, XII, 26.

O mes philosophes! il faudrait marcher *serrés* comme la phalange macédonienne; elle ne fut vaincue que parce qu'elle combattit *dispersées*. — 1769, VII, 23.

Il (un ouvrage) ne servirait qu'à lui attirer

la haine de deux cents personnes, toujours très-redoutables quand elles sont *réunies.* — 1770, III, 3.

Les philosophes doivent se tenir *serrés* comme la phalange macédonienne. — 1770, III, 3.

Il faut que tous les honnêtes gens se tiennent bien serrés par la main. — 1774, XII, 9.

Nous sommes comme ces marauds de Grecs, qui, pendant que Mahomet les assiégeait, s'*égorgeaient* entre eux pour la transfiguration. (D.)— 177 , XI, 18.

***

Il faut peindre les choses dans toute leur *vérité*, c'est-à-dire dans toute leur horreur. — 1761, II, 27.

Il ne s'agit pas seulement de louer Corneille, il faut dire la *vérité*. Je la dirai à genoux et l'encensoir à la main. — 1761, IX, 15.

Il semble que la *vérité* soit comme ces héros de l'antiquité, que des marâtres voulaient étouffer dans leur berceau, et qui allaient écraser des monstres loin de leur patrie. — 1767, VI, 19.

Il n'importe de quelle main la *vérité* vienne, pourvu qu'elle vienne. — 1768, V, 1.

La pauvre diablesse est toujours au fond de son puits, où elle crie : « Croyez cela et buvez de l'eau. » — 1773, I, 15.

Il n'a dit que la *vérité*, et c'est pour cela même qu'il tremble. — 1773, I, 25.

Restez longtemps pour instruire ceux qui en sont dignes, et pour faire rougir tant de fripons persécuteurs de la *vérité*, à laquelle ils rendent hommage au fond de leur cœur. — 1773, VI, 16.

Ce n'est point par de la métaphysique qu'on détrompera les hommes ; il faut prouver la *vérité* par des faits. — 1773, VI, 16.

J'aime fort la *vérité*, mais je n'aime point du tout le martyre. — 1776, II, 8.

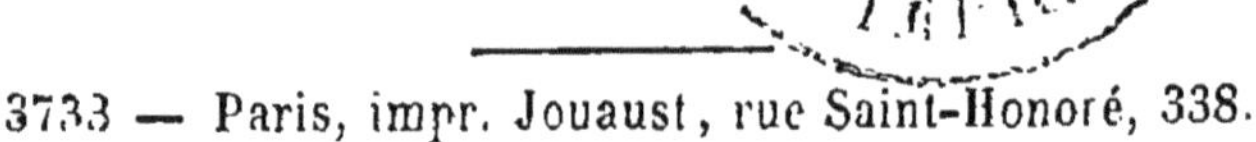

3733 — Paris, impr. Jouaust, rue Saint-Honoré, 338.

www.ingramcontent.com/pod-product-compliance
Ingram Content Group UK Ltd.
Pitfield, Milton Keynes, MK11 3LW, UK
UKHW020355230726
13925UKWH00003B/1130